LE DON DE LA REDEMPTION

EXHORTATION APOSTOLIQUE
REDEMPTIONIS DONUM
DE SA SAINTETE LE PAPE

JEAN-PAUL II

AUX RELIGIEUX ET AUX RELIGIEUSES
SUR LEUR CONSECRATION
A LA LUMIERE DU MYSTERE
DE LA REDEMPTION

Traduction de la Typographie Polyglotte Vaticane

Médiaspaul, 8 rue Madame, 75006 PARIS
ISBN 2-7122-0210-4

Achevé d'imprimer le 4 avril 1984
Imprimerie Martial PEAU à Nogent-le-Rotrou

Reg. Ed. n° 078 - Dép. lég. avril 1984

PRÉFACE

L'EXHORTATION APOSTOLIQUE « REDEMPTIONIS DONUM »

Au terme de l'année jubilaire extraordinaire célébrant le 1 950e anniversaire du mystère pascal du Christ, le Pape Jean-Paul II adresse à tous les religieux une parole de foi, d'encouragement et de joie. Nous pouvons en rendre grâces en l'accueillant avec la même foi.

La perspective du Saint-Père est limitée au jubilé de la Rédemption. Mais cette limite entraîne à creuser ce mystère en profondeur. Elle entraîne également à ne trouver dans ce document que deux citations de textes qui ont puissamment nourri la réflexion des religieux depuis le Concile « Evangelica Testificatio » (1971) et « Evangelii Nuntiandi » (1975) de Paul VI, et aucune référence à des textes plus récents de la Sacrée Congrégation des Religieux et Instituts Séculiers, eux aussi très étudiés à tous les niveaux des instituts religieux et dans les instances tripartites françaises nationale et régionales : évêques, Union des Supérieures Majeures de France et Conférence des Supérieurs Majeurs de France. Nous voulons parler de « Mutuae Relationes » (1978), « Religieux et promotion humaine » et « Dimension contemplative de la vie religieuse » (1980). Ces instances tripartites ont d'ailleurs ouvert à l'Assemblée plénière des Evêques français à Lourdes 1983 un dossier sur la vie religieuse et élaboré des propositions de travail en vue de pousser cette réflexion.

Le code de droit canonique est cité deux fois, au canon 669, s'agissant du signe extérieur de consécration et de pauvreté, et au canon 675 § 3, à propos du lien très profond qui unit le religieux à l'Eglise. Une note renvoie simplement aux « Eléments essentiels de l'enseignement de l'Eglise sur la vie religieuse, adressés aux instituts voués aux œuvres d'apostolat » (1983). On observera enfin que le concile Vatican II est uniquement cité dans son décret « Perfectae Caritatis » et jamais expressément en sa constitution « Lumen Gentium », même si le Pape rappelle qu'il a déjà plusieurs fois confirmé et prolongé l'enseignement de cette constitution. Par contre, les références scripturaires abondent et c'est normal dans un document qui veut conduire les religieux aux sources de leur vocation.

La vie religieuse est ici envisagée en un sens générique, en ce qu'elle a de plus essentiel et de commun aux instituts variés qui proposent une manière originale et spécifique de « suivre Jésus-Christ », « soit dans sa contemplation sur la montagne, soit dans son annonce du Royaume de Dieu aux foules, soit encore quand il guérit... convertit... bénit et répand sur tous ses bienfaits (Lumen Gentium 46). Même s'il est convenu de dire parfois qu'on ne peut parler de la vie religieuse qu'au pluriel, vu la diversité non seulement sociologique mais charismatique des instituts religieux, il est utile et fécond d'en entendre parler aussi au singulier pour qu'apparaisse vigoureusement la grâce originale qu'elle représente dans l'Eglise et pour le monde.

Quelques aspects caractéristiques de la vocation et de la vie religieuse sont spécialement retenus par le Pape Jean-Paul II.

Enracinement anthropologique

On sait déjà que Jean-Paul II est un apôtre inlassable d'une conception personnaliste de l'homme. Ses précédents documents nous ont déjà bien habitués à reconnaître ses positions philosophiques et anthropologiques. Rappelons pour mémoire : « Redemptor hominis », n°s 13 à 18 ; « Familiaris consortio », n°s 11, 18 à 27, 32, 63, 64 ; « Dives in misericordia », n° 6 ; « Laborem exercens », n°s 6, 7, 9, 12, 15, 16. Il allait donc de soi que la vocation religieuse fût présentée ici comme permettant aux religieux de « s'ancrer plus fortement en ce qui fait que l'homme est un homme » (n° 4). En effet, « l'homme ressent douloureusement le manque essentiel d'être personnel qu'éprouve son humanité par suite de l'abondance de toutes les formes de l'avoir » (id.). Et donc, l'appel à la vie religieuse « atteint les racines mêmes de l'humanité, les racines du destin de l'homme dans le monde temporel » (id.).

A en croire St Athanase rapportant la vie de St Antoine, l'épisode évangélique du jeune homme riche (Matth. 19/16-30) est un véritable texte fondateur pour la vie religieuse. Le Saint-Père en fait une lecture personnaliste : « Le Maître de Nazareth invite son interlocuteur à renoncer à un programme de vie dans lequel ressort au premier plan la catégorie de la possession, de l'avoir, et à accepter au contraire, à sa place, un programme centré sur la valeur de la personne humaine, sur l'être personnel, avec toute la transcendance qui lui est propre » (id.).

Cette idée de l'homme, d'ailleurs, n'est pas seulement un préalable obligé pour une exacte et profonde compréhension du mystère de la vie religieuse. Elle est aussi comme le fruit naturel d'un engagement loyal à suivre le Christ, « car l'homme fait la découverte du nouveau sens de son humanité non seulement pour suivre le Christ, mais dans la mesure où il le suit » (n° 5).

Ces perspectives anthropologiques ont certes de quoi enthousiasmer les religieux puisqu'elles font ressortir la cohérence qui existe entre la personne humaine et la vocation religieuse qui peut lui être adressée. Il leur reste évidemment à prouver dans leur comportement et le déroulement quotidien de leur vie la vérité de ce qu'affirme le Pape.

Enracinement baptismal

L'exhortation s'appuie fréquemment sur le « lien originel établi par le sacrement de baptême » (n° 7) et cite alors à propos l'affirmation essentielle de « Perfectae Caritatis » (n° 5) selon laquelle la profession des conseils évangéliques « constitue précisément une consécration particulière qui s'enracine intimement dans la consécration du baptême et l'exprime avec plus de plénitude ». On ne dira jamais assez qu'en régime chrétien la consécration fondamentale est la consécration sacramentelle. Jean-Paul II qui, par ailleurs, use largement du vocabulaire consécratoire lorsqu'il traite de la vie religieuse, veut rappeler ici l'irremplaçable situation du baptême dans la vie chrétienne et son caractère « capital » par rapport à toutes les autres grâces et à tous les autres engagements qui peuvent survenir dans la vie d'un baptisé. « Le point direct de référence, dans une telle vocation, est la personne vivante de Jésus-Christ » (n° 6). « Les racines de cette consécration consciente et libre, et donc du don de soi fait à Dieu pour lui appartenir, il faut les chercher dans le baptême, ce sacrement qui nous conduit au mystère pascal comme sommet et centre de la Rédemption accomplie par le Christ (n° 7). Et le Pape Jean-Paul II de renvoyer alors au texte baptismal par excellence, au chap. 6 de l'Epître aux Romains. Une exhortation suscitée par le jubilé de la Rédemption ne pouvait en effet passer sous silence les mystères du Christ et les lieux où notre vie chrétienne, et en conséquence, la vie religieuse, puise son identité et sa fécondité.

Les conseils évangéliques qui, rappelle le Pape, ne se limitent pas à la triade classique, marquent la vie religieuse « du signe spécifique de l'économie de la Rédemption » (n° 9). En ce sens notamment qu'ils modèlent de façon nouvelle notre rapport au monde créé. En aidant à transformer le cœur des religieux dans sa relation au « monde », les conseils de pauvreté, de chasteté et d'obéissance servent « dans leur principale finalité » au renouveau de la création : « le monde, grâce à eux, doit être soumis à l'homme et lui être donné, afin que l'homme soit lui-même parfaitement donné à Dieu » (id.).

La pratique de ces conseils reflète en profondeur la dualité pascale d'anéantissement et de résurrection (n° 10) qui se réalise en nous par « l'accueil de l'action mystérieuse de l'Esprit Saint, véritable auteur de toute sainteté. Ainsi, poursuit le Pape, professer les conseils évangéliques creuse en chacun et en chacune de vous, chers Frères et Sœurs, un ample espace pour la création nouvelle qui se manifeste dans votre moi humain grâce précisément à l'économie de la Rédemption et également, à travers ce moi humain, dans les dimensions interpersonnelles et sociales » (id.). On appréciera ici que soit relevée la portée cosmique et sociale du baptême et de la profession religieuse qui, de ce point de vue aussi, exprime le baptême avec plus de plénitude.

Enracinement ecclésial

L'exhortation qualifie l'état de vie religieux de « don spécial de Dieu à son Eglise » (n° 14). C'est donc une grâce que l'Eglise accueille avant de s'en servir comme d'une force pastorale d'appoint. Cette conviction, nettement présente aux débats de l'Assemblée des Evêques à Lourdes en 1983, ressort ici à nouveau. L'Eglise est née du don que Jésus a fait de sa vie au Père sur la croix. Le don que le Père fait à l'Eglise dans la vie religieuse jaillit de la même source dans l'Esprit Saint. Et chaque religieux, sujet de ce don, découvre que « le trésor fondamental de son humanité se relie au fait d'être en se donnant » (n° 6). D'où la « place spéciale » des religieux dans la communauté du Peuple de Dieu. D'où l'attente pressante de l'Eglise qui « compte sur leur collaboration totale et généreuse » (n° 14). D'où, enfin, le respect de l'Eglise pour le « don particulier (des) Fondateurs qui, reçu de Dieu et approuvé par l'Eglise, est devenu charisme pour la communauté entière » (n° 15).

Ce lien particulier des religieux avec l'Eglise les conduit à être particulièrement actifs en son sein pour le service du monde. D'abord comme signe de contradiction, car la consécration religieuse vécue en vérité dérange les manières du monde (n° 14). Ce signe suppose un minimum de visibilité sur lequel le Pape ne cesse d'insister ici et ailleurs (n°s 14 et 15). La question de savoir comment cette visibilité deviendra lisible par un monde sécularisé, d'où les signes extérieurs du « sacré chrétien » sont de plus en plus évacués sinon totalement absents, reste bien évidemment ouverte. L'activité des religieux enfin se déploiera « en harmonie avec la mission des Apôtres » (n° 15), « également unie à la mission de l'ordre hiérarchique » (id.). Ainsi « l'amour nuptial » (id.) des religieux pour le Christ « devient de façon presque organique un amour pour l'Eglise en tant que Corps du Christ » (id.).

Sœur Cécile BROUSSELLE
Secrétaire générale de l'USMF

Jean BONFILS s.m.a.
Secrétaire général de la CSMF

Très chers Frères et Sœurs dans le Christ Jésus!

I

Salutation

1. *Le don de la Rédemption,* que la présente Année jubilaire extraordinaire met spécialement en lumière, comporte en lui-même un appel particulier à la conversion et à la réconciliation avec Dieu en Jésus Christ. Le motif extérieur de ce Jubilé a un caractère historique — on célèbre en effet le 1950e anniversaire de l'événement de la Croix et de la Résurrection —, mais en même temps le motif intérieur prend une plus grande importance car il est lié à la profondeur même du mystère de la Rédemption. L'Eglise est née de ce mystère et elle en vit tout au long de son histoire. Le temps du Jubilé extraordinaire a un caractère exceptionnel. L'appel à la conversion et à la réconciliation avec Dieu signifie que nous devons *méditer* plus profondément sur notre vie, sur notre vocation chrétienne à la lumière du mystère de la Rédemption, afin de les enraciner toujours davantage en lui.

Si cet appel concerne tous les membres de l'Eglise, il s'adresse d'une manière spéciale à vous, *Religieux et Religieuses,* qui, en vertu de votre consécration à Dieu par le vœu des conseils évangéliques, tendez à une particulière plénitude dans la vie chrétienne. Votre vocation propre et l'ensemble de votre vie dans l'Eglise et dans le monde tirent leur caractère et leur force spirituelle *de la profondeur même du mystère de la Rédemption.* En suivant le Christ sur le chemin « étroit... et resserré »,[1] vous expérimentez d'une façon extraordinaire combien « près de lui, abonde le rachat »: *copiosa apud eum redemptio.*[2]

2. C'est pourquoi, tandis que cette Année sainte s'achemine vers sa conclusion, je désire m'adresser particulièrement à vous tous, Religieux et Religieuses, que vous soyez totalement consacrés à la contemplation ou voués aux diverses œuvres de l'apostolat. Je l'ai déjà fait en maints endroits et en diverses circonstances, confirmant et prolongeant l'enseignement évangélique exprimé dans toute la tradition de l'Eglise, spécialement dans le magistère du récent Concile œcuménique, de la constitution dogmatique *Lumen gentium* au décret *Perfectae caritatis,* dans l'esprit des indications données par l'exhortation apostolique *Evangelica testificatio* de mon prédécesseur

[1] Cf. *Mt* 7, 14.
[2] *Ps* 130 [129], 7.

Paul VI. Le Code de droit canonique entré récemment en vigueur, que l'on peut considérer en quelque sorte comme le dernier des documents conciliaires, sera pour vous tous une aide précieuse et un guide sûr pour préciser concrètement les moyens permettant de vivre fidèlement et généreusement votre magnifique vocation ecclésiale.

Je vous salue avec mon affection d'Evêque de Rome et de Successeur de saint Pierre, auquel vos communautés demeurent unies d'une manière caractéristique. De ce Siège de Pierre viennent aussi, comme un continuel écho, les paroles de saint Paul: « *Je vous ai fiancés* à un époux unique, comme une vierge pure à présenter *au Christ* ».[3] L'Eglise, qui, après les Apôtres, reçoit le trésor des noces avec l'Epoux divin, regarde avec un suprême amour tous ses fils et toutes ses filles qui, *par la profession des conseils évangéliques,* ont établi, grâce à sa médiation, une alliance privilégiée avec le Rédempteur du monde.

Accueillez cette parole de l'Année jubilaire de la Rédemption comme une parole d'amour prononcée par l'Eglise pour vous. Accueillez-la où que vous vous trouviez, que ce soit dans la clôture des communautés contemplatives ou dans les multiples formes du service apostolique: missions, action pastorale, hôpitaux ou autres lieux où l'on se met au service de l'homme qui souffre, instituts d'éducation, écoles ou universités, enfin

[3] *2 Co* 11, 2.

chacune de vos maisons où vous êtes « réunis au nom du Christ », en ayant conscience que le Seigneur est « au milieu de vous ».[4]

Puisse *la parole d'amour que l'Eglise vous adresse* en ce Jubilé de la Rédemption être le reflet de la parole d'amour que le Christ lui-même a adressée à chacun et à chacune de vous, en prononçant ce mystérieux « suis-moi »[5] qui a donné naissance à votre vocation dans l'Eglise!

II

Vocation

« Posant son regard sur lui,
Jésus le prit en affection ».

3. « Posant son regard sur lui, Jésus le prit en affection »[6] et lui dit: « Si tu veux être parfait, va, vends ce que tu possèdes et donne-le aux pauvres, et tu auras un trésor dans les cieux; puis viens, suis-moi ».[7] Même si nous savons que ces paroles, adressées au jeune homme riche, n'ont pas été reçues par l'appelé, leur contenu mérite toutefois une réflexion attentive car elles présentent la structure intime de la vocation.

« Posant son regard sur lui, Jésus le prit en affection ». Tel est l'amour du Rédempteur:

[4] Cf. *Mt* 18, 20.
[5] Cf. *Mt* 19, 21; *Mc* 10, 21; *Lc* 18, 22.
[6] *Mc* 10, 21.
[7] *Mt* 19, 21.

un amour qui jaillit de toute la profondeur divine et humaine de la Rédemption. En lui se reflète *l'amour éternel du Père* qui « a tant aimé le monde qu'il a donné son Fils unique pour que tout homme qui croit en lui ne périsse pas mais ait la vie éternelle ».[8] Le Fils, saisi par cet amour, accepta la mission de son Père dans l'Esprit Saint et devint le Rédempteur du monde. L'amour du Père s'est révélé dans son Fils comme un *amour qui sauve.* Et c'est cet amour qui constitue le véritable prix de la Rédemption de l'homme et du monde. Les Apôtres du Christ parlent du prix de la Rédemption avec une profonde émotion: « Ce n'est par rien de corruptible, argent ou or, que vous avez été affranchis..., mais par un sang précieux, comme d'un agneau sans défaut et sans tache, celui du Christ », écrit saint Pierre.[9] « Car vous avez été achetés fort cher », affirme saint Paul.[10]

L'appel à la voie des conseils évangéliques naît *de la rencontre intérieure avec l'amour* du Christ, qui est un amour rédempteur. C'est par cet amour que le Christ appelle. Dans la structure de la vocation, la rencontre avec cet amour devient quelque chose de réellement personnel. Lorsque le Christ, « après avoir posé son regard sur vous, vous a pris en affection », appelant chacun et chacune de vous, chers Religieux et Religieuses, son amour rédempteur s'est porté

[8] *Jn* 3, 16.
[9] *1 P* 1, 18.
[10] *1 Co* 6, 20.

sur une personne déterminée, prenant en même temps un *caractère nuptial*: il est devenu un *amour d'élection.* Un tel amour embrasse la personne entière, âme et corps, que ce soit un homme ou une femme, dans son « moi » personnel et absolument unique. Celui qui, s'étant donné éternellement à son Père, se « donne » lui-même dans le mystère de la Rédemption, voici qu'il a appelé l'homme pour que celui-ci, à son tour, se donne entièrement pour un service déterminé de l'œuvre de la Rédemption en appartenant à une communauté fraternelle reconnue et approuvée par l'Eglise. Ne font-elles pas écho justement à cet appel, les paroles de saint Paul: « Ne savez-vous pas que votre corps est un temple du Saint-Esprit... et que vous ne vous appartenez pas? Car vous avez été achetés fort cher! »? [11]

Oui, l'amour du Christ a rejoint chacun et chacune de vous, chers Frères et Sœurs, au prix même de la Rédemption. En conséquence, vous vous êtes rendu compte que *vous ne vous appartenez plus* mais que vous lui appartenez à lui. Cette prise de conscience a été le fruit du « regard d'amour » du Christ dans le secret de votre cœur. Vous avez répondu à ce regard en choisissant Celui qui avait déjà choisi chacun et chacune de vous, vous appelant avec son immense amour rédempteur. En appelant chacun « par son nom », il fait toujours appel *à la liberté de l'homme.* Le Christ dit: « Si tu veux... ». Et la réponse

[11] *1 Co* 6, 19-20.

à cet appel est donc un libre choix. Vous avez choisi Jésus de Nazareth, le Rédempteur du monde, en choisissant la route qu'il vous a indiquée.

« *Si tu veux être parfait...* »

4. Cette voie s'appelle aussi la *voie de la perfection.* En parlant avec le jeune homme, le Christ dit: « Si tu veux être parfait... ». Si bien que le concept de « voie de la perfection » trouve sa raison d'être dans la source évangélique elle-même. N'entendons-nous pas, du reste, dans le discours sur la Montagne: « Vous donc, vous serez parfaits comme votre Père céleste est parfait »? [12] *L'appel de l'homme à la perfection* a été perçu d'une façon ou d'une autre par des penseurs et des moralistes du monde antique et aussi, par la suite, aux diverses époques de l'histoire. Mais l'appel biblique a un aspect tout à fait original: il est particulièrement exigeant quand il indique à l'homme la perfection à la ressemblance de Dieu même.[13] Et c'est précisément sous cette forme que l'appel correspond à toute la logique interne de la Révélation selon laquelle l'homme a été créé *à l'image et à la ressemblance de Dieu même.* Il doit donc rechercher la perfection qui lui est propre dans la ligne de cette image et de cette ressemblance. Saint Paul

[12] *Mt* 5, 48.
[13] Cf. *Lv* 19, 2; 11, 44.

écrira dans la *lettre aux Ephésiens*: « Cherchez à imiter Dieu, comme des enfants bien-aimés, et suivez la voie de l'amour, à l'exemple du Christ qui vous a aimés et s'est livré pour nous, s'offrant à Dieu en sacrifice d'agréable odeur ».[14]

Ainsi donc, l'appel à la perfection appartient à l'essence même *de la vocation chrétienne*. C'est en fonction de cet appel qu'il faut comprendre aussi les paroles adressées par le Christ au jeune homme de l'Evangile. Elles sont liées d'une façon particulière au mystère de la Rédemption de l'homme dans le monde. En effet, cette Rédemption restitue à Dieu l'œuvre de la création contaminée par le péché, en faisant apparaître la perfection que toute la création — et l'homme en particulier — possède dans la pensée et dans la volonté de Dieu même. *L'homme,* spécialement, doit être *donné et rendu à Dieu* s'il doit être pleinement rendu *à lui-même*. D'où l'éternel appel: « Reviens à moi, car je t'ai racheté ».[15] Les paroles du Christ « si tu veux être parfait, va, vends ce que tu possèdes et donne-le aux pauvres... » nous introduisent sans aucun doute dans le cadre du conseil évangélique de la pauvreté, qui appartient à l'essence même de la vocation et de la profession religieuses.

En même temps, ces paroles peuvent s'entendre d'une manière plus large et, on peut dire, essentielle. Le Maître de Nazareth invite son

[14] *Ep* 5, 1-2.
[15] *Is* 44, 22.

interlocuteur *à renoncer* à un programme de vie dans lequel ressort au premier plan la catégorie de la possession, de l'« *avoir* », et *à accepter* au contraire, à sa place, un programme centré sur la valeur de la personne humaine, sur l'« *être* » personnel avec toute la transcendance qui lui est propre.

Une telle compréhension des paroles du Christ constitue comme une toile de fond plus large pour l'idéal de la pauvreté évangélique, spécialement de la pauvreté qui, en tant que conseil évangélique, fait partie du contenu essentiel de vos noces mystiques avec le divin Epoux dans l'Eglise. En lisant les paroles du Christ à la lumière du principe de la supériorité de l'« être » sur l'« avoir », surtout si ce dernier est pris dans son sens matérialiste et utilitaire, nous atteignons presque *les fondements anthropologiques de la vocation* dans l'Evangile. Sur l'arrière-plan du développement de la civilisation contemporaine, c'est là une découverte d'une grande actualité. Et du même coup, la vocation « à la voie de la perfection », comme le Christ l'a tracée, devient elle-même d'actualité. Si, dans le cadre de la civilisation actuelle, surtout dans le contexte de la société de consommation, l'homme ressent douloureusement le manque essentiel d'« être » personnel qu'éprouve son humanité par suite de l'abondance de toutes les formes de l'« avoir », il devient alors plus disposé à accueillir la vérité sur la vocation qui a été proférée une fois pour toutes dans l'Evangile. Oui, l'appel que vous accueillez, chers Frères et Sœurs, en entrant dans la voie de la profession religieuse, atteint *les racines mêmes de l'humanité,* les racines du destin de l'homme dans le monde temporel. L'« état de perfection » évangélique ne vous détache pas de ces racines. Il vous permet au contraire de vous ancrer plus fortement en ce qui fait que l'homme est un homme, en imprégnant cette humanité, alourdie de diverses façons par le péché, du ferment divin et humain du mystère de la Rédemption.

« *Tu auras un trésor dans les cieux* »

5. La vocation contient en elle-même la réponse à la question: *pour quoi être un homme – et comment l'être?* Cette réponse confère une nouvelle dimension à toute la vie et lui donne son sens définitif. Un tel sens apparaît sur l'horizon du paradoxe évangélique concernant la vie qui se perd quand on veut la sauver, et qui, au contraire, se sauve quand on la perd « à cause du Christ et de l'Evangile », comme on le lit dans Marc.[16]

A la lumière de ces paroles, l'appel du Christ devient pleinement évident: « Va, vends ce que tu possèdes et donne-le aux pauvres, et tu auras un trésor dans les cieux; puis viens, suis-moi ».[17] Entre ce « va » et les mots qui suivent: « viens,

[16] *Mc* 8, 35; cf. *Mt* 10, 39; *Lc* 9, 24.
[17] *Mt* 19, 21.

suis-moi », s'établit un rapport étroit. On peut dire que ces derniers mots déterminent l'essence même de la vocation; il s'agit en effet de suivre les traces du Christ (*sequi,* d'où l'expression *sequela Christi*). Les termes « va - vends - donne-le » semblent définir la situation qui précède la vocation. Mais, d'autre part, cette situation n'est pas « en dehors » de la vocation: elle se trouve déjà « incluse » en elle. Car l'homme fait la découverte du nouveau sens de son humanité non seulement *pour « suivre » le Christ,* mais *dans la mesure où* il le suit. Quand il « vend ce qu'il possède » et « le donne aux pauvres », il découvre que les biens et le confort qu'il possédait n'étaient pas le trésor auprès duquel il faut rester: *le trésor est dans son cœur,* rendu par le Christ capable de « donner » aux autres *en se donnant soi-même.* Le riche n'est pas celui qui possède mais celui qui donne, celui qui est *capable* de donner.

Sur ce point, le paradoxe évangélique se fait particulièrement expressif. Il devient un *programme de l'être*: être pauvre, au sens donné par le Maître de Nazareth à cette façon d'« être », signifie devenir, dans sa propre humanité, un dispensateur de bien. Cela veut dire également *découvrir « le trésor »*. Ce trésor est *indestructible.* Il passe avec l'homme dans la dimension de l'éternité, il appartient à l'eschatologie divine de l'homme. Grâce à ce trésor, l'homme a son avenir définitif en Dieu. Le Christ dit: « Tu auras un trésor dans les cieux ». Ce trésor n'est pas tant un « prix » accordé après la mort pour les œuvres exécutées à l'imitation du divin Maître que *l'accomplissement eschatologique* de ce qui se cachait derrière ces œuvres, déjà ici-bas, dans le « trésor » intérieur du cœur. En effet, le Christ lui-même, dans son Discours sur la Montagne,[18] après avoir invité à amasser des trésors dans le ciel, ajoutait: « Où est ton trésor, là sera aussi ton cœur ».[19] Cette affirmation montre le caractère eschatologique de la vocation chrétienne et plus encore le caractère eschatologique de la vocation qui se réalise sur la voie des noces spirituelles avec le Christ par la pratique des conseils évangéliques.

6. *La structure de cette vocation,* telle qu'elle ressort des paroles adressées au jeune homme des Evangiles synoptiques,[20] est reconnue à mesure que l'on découvre le *trésor* fondamental de sa propre humanité dans la perspective du « trésor » que l'homme « a dans les cieux ». Dans cette perspective, le trésor fondamental de son humanité se relie au fait d'« être en se donnant ». Le point direct de référence, dans une telle vocation, est la *personne vivante de Jésus Christ.* L'appel à la voie de la perfection prend corps à partir de lui et pour lui *dans l'Esprit Saint* qui « *rappelle* » toujours à de nouvelles personnes, hommes et femmes, à divers moments de leur

[18] Cf. *Mt* 6, 19-20.
[19] *Mt* 6, 21.
[20] Cf. *Mt* 19, 21; *Mc* 10, 21; *Lc* 18, 22.

existence mais surtout dans la jeunesse, tout ce que le Christ « a dit »[21] et en particulier ce qu'il « a dit » au jeune homme qui lui demandait: « Maître, que dois-je faire de bon pour obtenir la vie éternelle? ».[22] Par la réponse que donne le Christ en « portant son regard » sur son interlocuteur « avec affection », le puissant levain *du mystère de la Rédemption* pénètre la conscience, le cœur et la volonté de celui qui cherche en toute vérité et sincérité.

Ainsi, l'appel à la voie des conseils évangéliques prend toujours naissance en Dieu: « Ce n'est pas vous qui m'avez choisi; mais c'est moi qui vous ai choisis et vous ai établis pour que vous alliez et portiez du fruit et que votre fruit demeure ».[23] La vocation, dans laquelle l'homme découvre jusqu'en ses profondeurs la loi évangélique du don inscrite dans son humanité, est elle-même *un don!* C'est un don riche du contenu le plus profond de l'Evangile, un don dans lequel se reflète l'aspect divin et humain du mystère de la Rédemption du monde. « En ceci consiste l'amour: ce n'est pas nous qui avons aimé Dieu, mais c'est lui qui nous a aimés et qui a envoyé son Fils en victime de propitiation ».[24]

[21] Cf. *Jn* 14, 26.
[22] *Mt* 19, 16.
[23] *Jn* 15, 16.
[24] *1 Jn* 4, 10.

III

Consécration

7. *La profession religieuse « exprime avec plus de plénitude » la consécration du baptême.*

La vocation, chers Frères et Sœurs, vous a conduits à la profession religieuse grâce à laquelle vous avez été consacrés à Dieu par le ministère de l'Eglise et, en même temps, incorporés dans votre famille religieuse. Aussi l'Eglise voit-elle en vous avant tout des personnes « consacrées »: *consacrées à Dieu en Jésus Christ* pour lui appartenir exclusivement. Cette consécration détermine votre place dans la grande communauté de l'Eglise, du Peuple de Dieu. En même temps, elle introduit dans la mission universelle de ce Peuple des ressources singulières d'énergie spirituelle et surnaturelle: une forme particulière de vie, de témoignage et d'apostolat en fidélité à la mission de votre Institut, à son identité et à son patrimoine spirituel. La mission universelle du Peuple de Dieu s'enracine dans la mission messianique du Christ lui-même — Prophète, Prêtre et Roi — à laquelle *tous participent à des titres divers.* La forme de participation qui est propre aux personnes « consacrées » correspond à la forme de votre enracinement dans le Christ. La profondeur et la force de cet enracinement sont déterminées précisément par la profession religieuse.

Celle-ci crée, en Jésus Christ, un lien nouveau entre l'homme et le Dieu un en trois Personnes. Ce lien se développe à partir du *lien originel établi par le sacrement du baptême.* La profession religieuse « s'enracine intimement dans la consécration du baptême et l'exprime avec plus de plénitude ».[25] De cette façon, elle devient, dans ses éléments constitutifs, une nouvelle consécration, la consécration et le don de la personne humaine à Dieu, aimé par-dessus tout. Par les vœux, vous vous êtes engagés à vivre concrètement les conseils évangéliques de chasteté, de pauvreté et d'obéissance, selon les dispositions propres à vos familles religieuses telles qu'elles sont établies dans les Constitutions: cet engagement représente *l'expression* d'une consécration totale à Dieu et, en même temps, le moyen qui permet de la réaliser. C'est aussi ce qui donne leur forme au témoignage des personnes consacrées et à leur apostolat propre. Mais les racines de cette *consécration* consciente et libre, et donc du *don de soi fait à Dieu pour lui appartenir,* il faut les chercher dans le baptême, ce sacrement qui nous conduit au mystère pascal comme sommet et centre de la Rédemption accomplie par le Christ.

En conséquence, pour mettre pleinement en relief la réalité de la profession religieuse, il faut

[25] Cf. CONC. ŒCUM. VAT. II, décret *Perfectae caritatis,* n. 5; cf. aussi Document de la Congr. pour les Religieux et les Instituts séculiers « Eléments essentiels de l'enseignement de l'Eglise sur la vie religieuse, adressés aux Instituts religieux voués aux œuvres d'apostolat » (31 mai 1983), nn. 5 et suivants.

se reporter aux paroles vibrantes de Paul dans sa *lettre aux Romains*: « Ignorez-vous que, *baptisés* dans le Christ Jésus, c'est dans sa mort que tous nous avons été *baptisés?* Nous avons donc été ensevelis avec lui par le baptême dans la mort, afin que, comme le Christ..., nous vivions, nous aussi, dans une vie nouvelle ».[26] « Notre vieil homme a été crucifié avec lui..., afin que nous cessions d'être asservis au péché ».[27] « Et vous de même, considérez que vous êtes morts au péché et vivants pour Dieu en Jésus Christ ».[28]

La profession religieuse — sur le fondement sacramentel du baptême dans lequel elle s'enracine — est un nouvel « ensevelissement dans la mort du Christ »: nouveau, par le fait de la prise de conscience et du choix; nouveau, par le fait de l'amour et de la vocation; nouveau, par le fait de la « conversion » incessante. Un tel « ensevelissement dans la mort » fait que l'homme, « enseveli avec le Christ », « *vit avec le Christ dans une vie nouvelle* ». C'est dans le Christ crucifié que trouvent leur fondement ultime aussi bien la consécration baptismale que la profession des conseils évangéliques qui, selon les paroles du Concile Vatican II, « constitue une consécration particulière ». Elle est à la fois *mort et libération*. Saint Paul écrit: « Considérez que vous êtes morts au péché »; en même temps,

[26] *Rm* 6, 3-4.
[27] *Rm* 6, 6.
[28] *Rm* 6, 11.

toutefois, il appelle cette mort « libération de l'esclavage du péché ». Mais surtout, la consécration religieuse constitue, sur le fondement sacramentel du saint baptême, une vie nouvelle « pour Dieu en Jésus Christ ».

Ainsi donc, en même temps que l'on fait profession des conseils évangéliques, d'une façon beaucoup plus mûre et plus consciente on « *dépouille le vieil homme* » et, pareillement, on « *revêt l'homme nouveau,* créé selon Dieu, dans la justice et la sainteté de la vérité », pour employer encore les paroles de la *lettre aux Ephésiens.*[29]

Alliance de l'amour nuptial

8. C'est pourquoi, chers Frères et Sœurs, vous tous qui, dans l'Eglise entière, vivez l'alliance de la profession des conseils évangéliques, durant cette Année sainte de la Rédemption *vous prenez une conscience nouvelle* de votre *participation* spéciale *à la mort* en croix du Rédempteur, participation grâce à laquelle *vous êtes ressuscités* avec Lui et vous renaissez constamment à une vie nouvelle. Le Seigneur parle à chacun et à chacune d'entre vous comme autrefois il a parlé par le prophète Isaïe:

« Ne crains pas, car *je t'ai racheté,*
je t'ai appelé par ton nom: *tu es à moi* ».[30]

[29] Cf. *Ep* 4, 22-24.
[30] *Is* 43, 1.

L'appel évangélique: « Si tu veux être parfait..., suis-moi » [31] nous guide à la lumière des paroles du divin Maître. Du plus profond de la Rédemption parvient à l'homme l'appel du Christ, et c'est de cette profondeur qu'il rejoint son âme; *en vertu de la grâce de la Rédemption,* cet appel salvifique prend dans le cœur de l'appelé la forme concrète de la profession des conseils évangéliques. C'est sous cette forme que vous répondez à l'appel de l'amour rédempteur, et cette réponse est également une réponse d'amour: *amour de donation,* qui est *l'âme de la consécration,* entendons de la consécration de la personne. Les paroles d'Isaïe « *je t'ai racheté – tu es à moi* » semblent sceller précisément cet amour, l'amour d'une consécration totale et exclusive à Dieu.

De cette façon s'établit *l'alliance* particulière *de l'amour nuptial,* où semblent résonner comme un écho permanent les paroles concernant Israël que le Seigneur « s'est choisi..., dont il a fait son bien ».[32] En toute personne consacrée, c'est en effet l'« Israël » de l'Alliance nouvelle et éternelle qui est choisi. Le peuple messianique tout entier — l'Eglise entière — est *élu en toute personne* que le Seigneur choisit au milieu de ce peuple, en toute personne qui, *pour tous,* se consacre à Dieu afin de lui appartenir exclusivement. Aucun homme, certes, pas même le plus saint, ne peut répéter les paroles du Christ « pour eux

[31] *Mt* 19, 21.
[32] *Ps* 135 [134], 4.

je me consacre moi-même »[33] avec la puissance rédemptrice propre à ces paroles, mais, grâce au don de soi par amour, en s'offrant à Dieu pour lui appartenir exclusivement, chacun peut se trouver par la foi dans la ligne de ces paroles.

N'est-ce pas à cela que nous renvoient les autres paroles de l'Apôtre dans sa *lettre aux Romains* que nous répétons et méditons si souvent: « Je vous exhorte donc, frères, par la miséricorde de Dieu, à offrir vos personnes en hostie vivante, sainte, agréable à Dieu: c'est là le culte spirituel que vous avez à rendre »?[34] Dans ces paroles résonne comme un écho lointain de Celui qui, en venant dans le monde, en devenant homme, dit au Père: « *Tu m'as façonné un corps*... Voici, je viens... pour faire, ô Dieu, ta volonté ».[35]

Remontons donc, en ce contexte particulier de l'Année jubilaire de la Rédemption, au mystère du corps et de l'âme du Christ, comme au sujet intégral de l'amour nuptial et rédempteur: nuptial, parce que rédempteur. *Par amour, il s'est offert lui-même,* par amour il a donné son corps « pour le péché du monde ». En vous plongeant par la consécration des vœux religieux dans le mystère pascal du Rédempteur, vous-mêmes, par l'amour d'un don total, vous désirez que vos âmes et vos corps soient pénétrés de l'esprit de sacrifice, comme saint Paul nous invite à le faire

[33] *Jn* 17, 19.
[34] *Rm* 12, 1.
[35] *He* 10, 5. 7.

par les paroles de la *lettre aux Romains* que je viens de citer: « Offrir vos personnes en hostie vivante ».[36] De cette façon, votre profession religieuse est marquée de *la ressemblance avec l'amour* qui, *dans le cœur du Christ,* est rédempteur et en même temps nuptial. Un tel amour doit jaillir en chacun d'entre vous, chers Frères et Sœurs, de la source même de la *consécration particulière* qui, sur le fondement sacramentel du saint baptême, est le *commencement* de votre *vie nouvelle* dans le Christ et dans l'Eglise, le commencement de *la nouvelle création.*

En même temps que cet amour, que s'approfondisse en chacun et chacune d'entre vous *la joie d'appartenir exclusivement à Dieu,* d'être un héritage particulier de la Très Sainte Trinité, Père, Fils et Saint-Esprit! Répétez de temps en temps les paroles inspirées du psalmiste:

« Qui donc est pour moi dans le ciel
si je n'ai, même avec toi, aucune joie sur la terre?
Ma chair et mon cœur sont usés:
ma part, le roc de mon cœur, c'est Dieu pour [toujours ».[37]

Ou encore:

« J'ai dit au Seigneur: "Tu es mon Dieu!
Je n'ai pas d'autre bonheur que toi"...
Seigneur, mon partage et ma coupe:
de toi dépend mon sort ».[38]

[36] *Rm* 12, 1.
[37] *Ps* 73 [72], 25-26.
[38] *Ps* 16 [15], 2. 5.

Que la conscience d'appartenir à Dieu lui-même en Jésus Christ, Rédempteur du monde et Epoux de l'Eglise, soit *comme un sceau qui marque* du signe de l'épouse biblique *vos cœurs,*[39] toutes vos pensées, vos paroles et vos actions. Comme vous le savez, cette connaissance chaleureuse et profonde du Christ se réalise et s'approfondit chaque jour davantage grâce à la vie de prière personnelle, communautaire et liturgique propre à chacune de vos familles religieuses. Ici encore, et surtout, les religieux et les religieuses consacrés totalement à la contemplation apportent une aide substantielle et un soutien stimulant à leurs frères et à leurs sœurs voués aux œuvres d'apostolat. Que cette conscience d'appartenir au Christ *ouvre* vos cœurs, vos pensées et vos actions, avec la clé du mystère de la Rédemption, à toutes les souffrances, à tous les besoins et à toutes les espérances des hommes et du monde, au milieu desquels votre consécration évangélique a été insérée comme un signe particulier de la présence de Dieu « pour lequel tous vivent »,[40] entrant tous dans l'extension invisible de son Règne.

Le mot « suis-moi », prononcé par le Christ lorsqu'il « porta son regard » sur chacun et chacune d'entre vous, chers Frères et Sœurs, « et le prit en affection », a aussi cette signification: prends part, de la façon la plus complète et la plus radicale possible, *à la formation de la « créa-*

[39] Cf. *Ct* 8, 6.
[40] Cf. *Lc* 20, 38.

tion nouvelle »[41] qui doit résulter de la rédemption du monde par la force de l'Esprit de Vérité à l'œuvre de par le mystère pascal du Christ, surabondant de grâce.

IV

Conseils évangéliques

Economie de la Rédemption

9. Par la profession s'ouvre devant chacun et chacune d'entre vous la voie des conseils évangéliques. Dans l'Evangile, il y a beaucoup de recommandations qui dépassent le niveau du commandement, indiquant non seulement ce qui est « nécessaire », mais ce qui est « meilleur ». Ainsi, par exemple, l'exhortation à ne pas juger,[42] à prêter « sans rien attendre en retour »,[43] à satisfaire toutes les demandes et les désirs du prochain,[44] à inviter les pauvres au festin,[45] à pardonner toujours,[46] et beaucoup d'autres de ce genre. Si, selon la tradition, la profession des conseils évangéliques *s'est concentrée sur les trois points de la chasteté, de la pauvreté et de l'obéissance,* cette coutume semble mettre en relief, de façon suffisamment claire, leur importance d'élé-

[41] 2 *Co* 5, 17.
[42] Cf. *Mt* 7, 1.
[43] *Lc* 6, 35.
[44] Cf. *Mt* 5, 40-42.
[45] Cf. *Lc* 14, 13-14.
[46] Cf. *Mt* 6, 14-15.

ments clés, d'éléments qui, en quelque sorte, « résument » l'économie entière du salut. Tout ce qui, dans l'Evangile, est conseil entre indirectement dans le programme de la voie à laquelle le Christ invite lorsqu'il dit: « Suis-moi ». Mais la chasteté, la pauvreté et l'obéissance donnent à cette voie un *caractère christocentrique* particulier et la marquent du signe spécifique de l'économie de la Rédemption.

Cette « économie » comporte comme élément essentiel *la transformation* de tout le cosmos *à travers le cœur de l'homme,* c'est-à-dire du dedans: « La création en attente aspire à la révélation des fils de Dieu... avec l'espérance d'être elle aussi libérée de la servitude de la corruption pour entrer dans la liberté de la gloire des enfants de Dieu ».[47] Cette transformation va de pair avec l'amour que l'appel du Christ répand dans le cœur de l'homme, l'amour qui constitue la substance même de la consécration, de cet acte par lequel l'homme ou la femme se voue à Dieu dans la profession religieuse, sur le fondement de la consécration sacramentelle du baptême. Nous pouvons découvrir les bases de l'économie de la Rédemption en lisant les paroles de la *première lettre de saint Jean*: « N'aimez ni le monde ni ce qui est dans le monde. Si quelqu'un aime le monde, l'amour du Père n'est pas en lui. Car tout ce qui est dans le monde — la convoitise de la

[47] *Rm* 8, 19-21.

chair, la convoitise des yeux et l'orgueil de la vie — vient non pas du Père mais du monde. Or le monde passe avec ses convoitises; mais celui qui fait la volonté de Dieu demeure éternellement ».[48]

La profession religieuse met dans le cœur de chacun et de chacune d'entre vous, chers Frères et Sœurs, *l'amour du Père,* l'amour même qui est dans le cœur de Jésus Christ, le Rédempteur du monde. C'est un amour qui embrasse le monde et tout *ce qui* en lui *vient du Père,* et qui en même temps recherche la défaite de tout ce qui, dans le monde, « ne vient pas du Père ». Il tend donc à vaincre la triple concupiscence. « La convoitise de la chair, la convoitise des yeux et l'orgueil de la vie » se trouvent à l'intérieur de l'homme comme un *héritage du péché originel,* à cause duquel le rapport avec le monde créé par Dieu et donné à l'homme pour qu'il le soumette[49] a été déformé de diverses façons dans le cœur humain. Dans l'économie de la Rédemption, les conseils évangéliques de chasteté, de pauvreté et d'obéissance constituent les moyens les plus radicaux pour transformer dans le cœur de l'homme ce rapport avec « le monde », avec le monde extérieur et avec son propre « moi » qui, en un sens, est la partie centrale « du monde » selon la perspective biblique, dans la mesure

[48] *1 Jn* 2, 15-17, selon le texte de l'ancienne Vulgate, qui a inspiré une longue tradition patristique et ascétique.

[49] Cf. *Gn* 1, 28.

où prend naissance en lui ce qui « ne vient pas du Père ».

En considérant le texte de la *première lettre de saint Jean* déjà cité, il n'est pas difficile de remarquer l'importance fondamentale des trois conseils évangéliques dans toute l'économie de la Rédemption. *La chasteté évangélique* nous aide à transformer dans notre vie intérieure tout ce qui trouve sa source dans la concupiscence de la chair; *la pauvreté évangélique,* ce qui a sa source dans la concupiscence des yeux; enfin *l'obéissance évangélique* nous permet de transformer de façon radicale ce qui, dans le cœur humain, vient de l'orgueil de la vie. C'est volontairement que nous parlons ici du dépassement comme d'une transformation, car toute l'économie de la Rédemption tient dans les paroles adressées par le Christ à son Père au cours de la prière sacerdotale: « Je ne te prie pas de les enlever du monde, mais de les garder du mauvais ».[50] Les *conseils* évangéliques, dans leur principale finalité, servent au « renouveau de la création »: « le monde », grâce à eux, doit être soumis à l'homme et lui être donné, afin que l'homme soit lui-même parfaitement donné à Dieu.

Participer à l'anéantissement du Christ

10. La finalité interne des conseils évangéliques conduit à découvrir d'autres aspects en-

[50] *Jn* 17, 15.

core, qui mettent en relief leur lien étroit avec l'économie de la Rédemption. On sait que son point culminant se situe dans le mystère pascal de Jésus Christ, où s'unissent *l'anéantissement* dans la mort et la naissance à une vie nouvelle dans la *résurrection.* En elle-même, la pratique des conseils évangéliques reflète en profondeur cette dualité pascale: [51] l'anéantissement inévitable de ce qui en nous appartient au péché et à ses conséquences, et la possibilité de *renaître chaque jour à un bien plus profond,* caché dans l'âme humaine. Ce bien se manifeste sous l'action de la grâce, à laquelle la pratique de la chasteté, de la pauvreté et de l'obéissance rend l'âme particulièrement sensible. Toute l'économie de la Rédemption se réalise en fait par cet accueil de *l'action* mystérieuse de *l'Esprit Saint,* véritable auteur de toute sainteté. Ainsi, professer les conseils évangéliques creuse en chacun et en chacune de vous, chers Frères et Sœurs, un ample espace pour la « création nouvelle »,[52] qui se manifeste dans votre « moi humain » grâce précisément à l'économie de la Rédemption et également, à travers *ce « moi » humain,* dans les dimensions interpersonnelles et sociales. Elle se manifeste donc en même temps dans l'humanité en tant que partie du monde créé par Dieu: ce monde que le Père aime d'un amour « nou-

[51] Cf. CONC. ŒCUM. VAT. II, décret *Perfectae caritatis,* n. 5.
[52] *2 Co* 5, 17.

veau » dans son Fils éternel, Rédempteur du monde.

Saint Paul dit de ce Fils que, « de condition divine... il *s'anéantit lui-même,* prenant condition d'esclave, et devenant semblable aux hommes ».[53] L'anéantissement impliqué par la pratique des conseils évangéliques a donc un caractère totalement christocentrique. Et c'est aussi en ce sens que le Maître de Nazareth désigne explicitement *la croix comme condition pour marcher à sa suite.* Celui qui a dit un jour à chacun et à chacune de vous « suis-moi », a dit également: « Si quelqu'un veut venir à ma suite, qu'il se renie lui-même, qu'il se charge de sa croix et qu'il me suive » (c'est-à-dire qu'il marche sur mes traces).[54] Cela, il le disait à tous ceux qui l'écoutaient, et pas seulement à ses disciples. La *loi du renoncement* appartient donc à l'essence même de la vocation chrétienne. Toutefois c'est d'une manière particulière qu'elle appartient à l'essence de la vocation liée à la profession des conseils évangéliques. Ceux qui suivent le chemin de cette vocation sauront comprendre le langage des expressions difficiles que nous lisons dans la *lettre aux Philippiens*: « A cause de lui j'ai accepté de tout perdre, je considère tout comme déchets, afin de gagner le Christ et d'être trouvé en lui... ».[55]

Donc renoncement — reflet du mystère du Calvaire — pour « se trouver » plus pleinement

[53] *Ph* 2, 6-7.
[54] *Mc* 8, 34; *Mt* 16, 24.
[55] *Ph* 3, 8-9.

dans le Christ crucifié et ressuscité; renoncement pour reconnaître en lui dans toute sa profondeur le mystère de notre propre humanité et le ratifier en prenant le chemin de cet admirable processus dont le même Apôtre écrit ailleurs: « Même si notre homme extérieur s'en va en ruine, notre homme intérieur se renouvelle de jour en jour ».[56] De cette façon-là, l'économie de la Rédemption porte la puissance du mystère pascal sur le terrain de l'humanité, qui met en pratique l'appel du Christ à vivre la chasteté, la pauvreté et l'obéissance, c'est-à-dire à vivre selon les conseils évangéliques.

V

Chasteté - Pauvreté - Obéissance

Chasteté

11. Le caractère pascal de cet appel se reconnaît à divers points de vue, en ce qui concerne chacun des conseils.

C'est en effet en fonction de l'économie de la Rédemption qu'il faut estimer et pratiquer la *chasteté* que chacun et chacune de vous a promise par vœu, en même temps que la pauvreté et l'obéissance. Ceci constitue la réponse à la parole du Christ, qui est aussi une invitation: « Et il y a des *eunuques* qui se sont eux-mêmes

[56] *2 Co* 4, 16.

rendus tels *à cause du Royaume des Cieux*. Qui peut comprendre, qu'il comprenne! ».[57] Juste avant, le Christ avait souligné que « tous ne comprennent pas ce langage, mais ceux-là à qui c'est donné ».[58] Ces derniers mots mettent clairement en évidence le fait que cette invitation est un conseil. A ce propos l'Apôtre Paul a lui aussi développé sa réflexion dans la *première lettre aux Corinthiens*.[59] Ce conseil s'adresse particulièrement à l'amour du cœur humain. Il fait ressortir surtout le *caractère nuptial* de cet amour, tandis que la pauvreté et plus encore l'obéissance semblent mettre en relief avant tout l'aspect rédempteur de l'amour impliqué dans la consécration religieuse. Il s'agit ici, on le sait, de la chasteté au sens de « se faire eunuque à cause du Royaume des Cieux », c'est-à-dire de la virginité comme expression de l'amour nuptial pour le Rédempteur lui-même. En ce sens, l'Apôtre enseigne que celui qui choisit le mariage « fait bien », et celui qui choisit la virginité « fait mieux ».[60] « Celui qui n'est pas marié *a souci des affaires du Seigneur,* des moyens de plaire au Seigneur »,[61] et « la femme sans mari, comme la jeune fille, a souci des affaires du Seigneur; elle cherche à être sainte de corps et d'esprit ».[62]

[57] *Mt* 19, 12.
[58] *Mt* 19, 11.
[59] Cf. *1 Co* 7, 28-40.
[60] Cf. *1 Co* 7, 38.
[61] *1 Co* 7, 32.
[62] *1 Co* 7, 34.

Il n'y a là — ni dans les paroles du Christ ni dans celles de Paul — aucune mésestime du mariage. Le conseil évangélique de la chasteté ne fait qu'indiquer la possibilité particulière que constitue pour le cœur humain, de l'homme ou de la femme, *l'amour nuptial du Christ lui-même,* de Jésus « Seigneur ». Le fait de « se faire eunuque à cause du Royaume des Cieux », en effet, n'est pas seulement un libre renoncement au mariage et à la vie de famille, mais c'est un *choix charismatique* du Christ comme Epoux exclusif. Un tel choix permet déjà par lui-même de « se soucier des affaires du Seigneur », mais de plus — lorsqu'il est fait « à cause du Royaume des Cieux » — il rend ce *Règne eschatologique de Dieu* plus proche de la vie de tous les hommes dans les conditions de la temporalité; il le rend d'une certaine manière, présent au milieu du monde.

Par là, les personnes consacrées réalisent la finalité interne de toute l'économie de la Rédemption. Cette finalité s'exprime, en effet, par le fait de rapprocher le Règne de Dieu dans sa dimension définitive, eschatologique. Par le vœu de chasteté, les personnes consacrées participent à l'économie de la Rédemption en *renonçant librement* aux joies temporelles de la vie conjugale et familiale; et d'autre part, précisément en « se faisant eunuques à cause du Royaume des Cieux », elles portent au milieu du monde qui passe *l'annonce de la résurrection à venir* [63] et de la vie

[63] Cf. *Lc* 20, 34-36; *Mt* 22, 30; *Mc* 12, 25.

éternelle: de la vie d'union à Dieu même par la vision béatifique et l'amour qui comprend et pénètre entièrement toutes les autres formes d'amour du cœur humain.

Pauvreté

12. Comme elles sont expressives, à propos de la pauvreté, les paroles de la *seconde lettre aux Corinthiens*: elles constituent une synthèse concise de tout ce que dit l'Evangile à ce sujet! « Vous connaissez, en effet, la libéralité de notre Seigneur Jésus Christ, *qui pour vous s'est fait pauvre, de riche qu'il était,* afin de *vous enrichir* par sa *pauvreté* ».[64] Selon ces paroles, la pauvreté entre dans la structure intime de la grâce rédemptrice du Christ. Sans la pauvreté, il n'est pas possible de comprendre le mystère du don de la divinité à l'homme, *don* qui s'est véritablement accompli en Jésus Christ. C'est aussi pourquoi elle se trouve *au centre même de l'Evangile,* au commencement du message des huit béatitudes: « Heureux ceux qui ont une âme de pauvre ».[65] La pauvreté évangélique ouvre au regard de l'âme humaine toute la perspective du mystère, « tenu caché depuis les siècles en Dieu ».[66] Seuls ceux qui sont « pauvres » de cette manière sont aussi intérieurement capables de comprendre la pauvreté de Celui qui est infini-

[64] 2 *Co* 8, 9.
[65] *Mt* 5, 3.
[66] *Ep* 3, 9.

ment riche. *La pauvreté* du Christ cache en elle-même cette *infinie richesse de Dieu*: elle en est même une expression tout à fait fidèle. En effet, une richesse telle que celle de la divinité elle-même n'aurait pu trouver une expression juste en aucun bien créé. Elle ne peut s'exprimer que dans la pauvreté. C'est pourquoi elle ne peut être *comprise* de manière vraie *que par les pauvres,* par ceux qui ont une âme de pauvre. Le Christ, Homme-Dieu, est le premier d'entre eux: Celui qui « de riche qu'il était, s'est fait pauvre » est non seulement le maître, mais le porte-parole et le garant de la *pauvreté salvifique* qui correspond à l'infinie richesse de Dieu et à l'inépuisable puissance de sa grâce.

Et c'est pourquoi il est vrai aussi — comme l'écrit l'Apôtre — qu'il « nous enrichit par sa pauvreté ». Il est *le maître et le porte-parole de la pauvreté qui enrichit*. C'est bien pour cela qu'il dit au jeune homme des Evangiles synoptiques: « Vends ce que tu possèdes..., donne-le... et tu auras un trésor dans les cieux ».[67] Il y a dans ces mots un appel à enrichir les autres par sa propre pauvreté; mais au plus profond de cet appel se cache le témoignage de l'infinie richesse de Dieu qui, donnée à l'âme humaine par le mystère de la grâce, crée en l'homme lui-même, précisément par la pauvreté, une source d'enrichissement des autres qui ne peut se comparer à rien de ce qui provient des richesses matérielles, une source par

[67] *Mt* 19, 21; cf. *Mc* 10, 21; *Lc* 18, 22.

laquelle on peut donner aux autres à la manière de Dieu même. Cette largesse se réalise au sein du mystère du Christ, lui qui « nous enrichit par sa pauvreté ». Nous voyons ce processus d'enrichissement se développer au long des pages de l'Evangile, trouvant son point culminant dans l'événement pascal: le Christ, le plus pauvre dans sa mort sur la croix, est en même temps celui qui nous enrichit infiniment par la plénitude de la vie nouvelle, grâce à la résurrection.

Chers Frères et Sœurs, vous qui, de par la profession évangélique, avez une âme de pauvre, accueillez dans toute votre vie ce *caractère salvifique de la pauvreté du Christ.* Cherchez jour après jour à l'approfondir davantage. Cherchez avant tout « le règne de Dieu et sa justice », et le reste « vous sera donné par surcroît ».[68] Qu'en vous et par vous s'accomplisse la béatitude évangélique réservée aux pauvres,[69] à ceux qui ont une âme de pauvre! [70]

Obéissance

13. Le Christ, « de condition divine, ne retint pas jalousement le rang qui l'égalait à Dieu. Mais il s'anéantit lui-même, prenant condition d'esclave, et devenant semblable aux hommes. S'étant comporté comme un homme, il s'humilia plus

[68] *Mt* 6, 33.
[69] Cf. *Lc* 6, 20.
[70] Cf. *Mt* 5, 3.

encore, *obéissant* jusqu'à la mort, et à la mort sur une croix ».[71]

Nous touchons ici, dans ces paroles de la *lettre de Paul aux Philippiens,* l'essence même de la Rédemption. Au cœur de cette réalité est inscrite de manière prioritaire et constitutive l'obéissance de Jésus Christ. On en trouve une confirmation dans un autre texte de l'Apôtre, tiré cette fois de sa *lettre aux Romains*: « Comme, en effet, *par la désobéissance d'un seul homme* la multitude a été constituée pécheresse, ainsi *par l'obéissance d'un seul* la multitude sera-t-elle constituée juste ».[72]

Le conseil évangélique de l'obéissance est l'appel qui découle de cette obéissance du Christ « jusqu'à la mort ». Ceux qui accueillent cet appel, exprimé par le mot « suis-moi », décident — selon l'enseignement du Concile — *de marcher à la suite du Christ* « qui, par son obéissance jusqu'à la mort de la croix..., a racheté les hommes et les a sanctifiés ».[73] En réalisant concrètement le conseil évangélique de l'obéissance, ils rejoignent la nature profonde de toute l'économie de la Rédemption. En accomplissant ce conseil, ils veulent parvenir à une participation spéciale à l'obéissance de cet « un seul », obéissance grâce à laquelle « la multitude sera constituée juste ».

[71] *Ph* 2, 6-8.
[72] *Rm* 5, 19.
[73] CONC. ŒCUM. VAT. II, décret *Perfectae caritatis,* n. 1.

On peut donc dire que ceux qui décident de vivre selon le conseil de l'obéissance se placent de façon singulière entre *le mystère de l'impiété* [74] et le mystère de *la justification et de la grâce salvifique.* Ils se trouvent en ce « lieu », avec tout l'arrière-plan pécheur de leur nature humaine, avec tout cet héritage « de l'orgueil de la vie », avec cette tendance égoïste à dominer et non à servir; et précisément par le vœu d'obéissance, ils décident *de changer* pour devenir semblables au Christ qui, « par son obéissance..., a racheté les hommes et les a sanctifiés ». En suivant le conseil de l'obéissance, ils veulent trouver leur rôle particulier dans la Rédemption du Christ et leur chemin de sanctification.

Telle est la voie que le Christ a tracée dans l'Evangile, en parlant maintes fois de *l'accomplissement de la volonté de Dieu* et de la *recherche* continuelle de cette volonté. « Ma nourriture est de faire la volonté de celui qui m'a envoyé et de mener son œuvre à bonne fin ».[75] « Parce que je ne cherche pas ma volonté, mais la volonté de celui qui m'a envoyé ».[76] « Celui qui m'a envoyé est avec moi; il ne m'a pas laissé seul, parce que je fais toujours ce qui lui plaît ».[77] « Car je suis descendu du ciel pour faire non pas ma volonté, mais la volonté de celui qui m'a envoyé ».[78] L'ac-

[74] « *Mysterium iniquitatis* »: cf. *2 Th* 2, 7.
[75] *Jn* 4, 34.
[76] *Jn* 5, 30.
[77] *Jn* 8, 29.
[78] *Jn* 6, 38.

complissement constant de la volonté du Père fait aussi penser à cette déclaration messianique du psalmiste de l'Ancienne Alliance: « Au rouleau du livre il m'est prescrit *de faire tes volontés;* mon Dieu, j'ai voulu ta loi au profond de mes entrailles ».[79]

Cette obéissance du Fils — remplie de joie — atteint son point culminant face à la Passion et à la Croix: « Père, si tu veux, éloigne de moi cette coupe! Cependant, que ce ne soit pas ma volonté, mais la tienne qui se fasse! ».[80] A partir de la prière à Gethsémani, la disponibilité du Christ à accomplir la volonté du Père *déborde de souffrance,* et elle devient cette obéissance « jusqu'à la mort et à la mort sur une croix » dont parle saint Paul.

Par leur vœu d'obéissance, les personnes consacrées décident d'imiter humblement l'obéissance du Rédempteur, et cela de manière particulière. La soumission à la volonté de Dieu et l'obéissance à sa loi sont pour tous, quel que soit leur état, *une condition de la vie chrétienne*; cependant, dans « l'état religieux », dans « l'état de perfection », le vœu d'obéissance met au cœur de chacun et de chacune de vous, chers Frères et Sœurs, *l'obligation de vous référer spécialement* au Christ «obéissant jusqu'à la mort». Et puisque cette obéissance du Christ se trouve au centre même de l'œuvre de la Rédemption, selon les

[79] *Ps* 40 [39], 8-9; cf. *He* 10, 7.
[80] *Lc* 22, 42; cf. *Mc* 14, 36; *Mt* 26, 42.

paroles de l'Apôtre citées ci-dessus, on doit voir aussi dans l'accomplissement du conseil évangélique d'obéissance un *moment particulièrement significatif* de « l'économie de la Rédemption » qui imprègne toute votre vocation dans l'Eglise.

De là découle cette « disponibilité totale à l'Esprit Saint » qui agit avant tout dans l'Eglise, selon l'expression de mon prédécesseur Paul VI dans l'exhortation apostolique *Evangelica testificatio,*[81] mais qui se manifeste également dans les Constitutions de vos Instituts. De là découle cette *soumission religieuse* dont, par esprit de foi, les personnes consacrées font preuve à l'égard de leurs Supérieurs légitimes, qui tiennent la place de Dieu.[82] Dans la *lettre aux Hébreux,* nous trouvons à ce sujet une indication très significative: « Obéissez à vos chefs et soyez-leur dociles, car ils veillent sur vos âmes, comme devant en rendre compte ». Et l'auteur de la lettre ajoute: « ... afin qu'ils le fassent avec joie et non en gémissant, ce qui vous serait dommageable ».[83]

Par ailleurs, se souvenant qu'ils doivent exercer en esprit de service le pouvoir qui leur a été confié par l'intermédiaire du ministère de l'Eglise, les Supérieurs se montreront disposés à écouter leurs frères afin de mieux discerner ce que le Seigneur attend de chacun d'eux, sans pour autant porter atteinte à l'autorité qui leur est propre

[81] Cf. *Evangelica testificatio,* n. 6: *AAS* 63 (1971), p. 500.
[82] Cf. CONC. ŒCUM. VAT. II, décret *Perfectae caritatis,* n. 14.
[83] *He* 13, 17.

et selon laquelle ils doivent décider et commander ce qu'ils auront jugé opportun.

Parallèlement à la soumission-obéissance ainsi conçue, il y a *l'attitude de service* qui imprègne toute votre vie, *à l'exemple du Fils de l'homme* qui « n'est pas venu pour être servi, mais pour servir et donner sa vie en rançon pour une multitude ».[84] Et sa Mère, à l'instant décisif de l'Annonciation et de l'Incarnation, pénétrant dès le début toute l'économie salvatrice de la Rédemption, dit: « Je suis la servante du Seigneur; qu'il m'advienne selon ta parole! ».[85]

Souvenez-vous aussi, chers Frères et Sœurs, que l'obéissance à laquelle vous vous êtes engagés en vous consacrant sans réserve à Dieu par la profession des conseils évangéliques, est une *expression* particulière *de la liberté intérieure,* de même que l'expression définitive de la liberté du Christ a été son obéissance « jusqu'à la mort »: « Je donne ma vie, pour la reprendre. Personne ne me l'enlève; mais je la donne de moi-même ».[86]

VI

Amour pour l'Eglise

Témoignage

14. En l'Année jubilaire de la Rédemption, l'Eglise entière désire *renouveler son amour en-*

[84] *Mc* 10, 45.
[85] *Lc* 1, 38.
[86] *Jn* 10, 17-18.

vers le Christ, Rédempteur de l'homme et du monde, son Seigneur et en même temps son Epoux divin. C'est pourquoi, en cette Année sainte, l'Eglise se tourne avec une attention particulière vers vous, chers Frères et Sœurs qui, en tant que personnes consacrées, occupez une place spéciale dans la communauté universelle du Peuple de Dieu comme dans chaque communauté locale. Si l'Eglise veut que, par la grâce du Jubilé extraordinaire, se renouvelle *aussi votre amour* pour le Christ, elle a en même temps pleinement conscience que cet amour constitue un bien particulier *pour tout le Peuple de Dieu.* L'Eglise sait bien que, dans l'amour que le Christ reçoit des personnes consacrées, l'amour du Corps entier s'adresse de façon spéciale et exceptionnelle à l'Epoux, qui est en même temps le Chef de ce Corps. L'Eglise vous exprime, chers Frères et Sœurs, sa gratitude pour la consécration et pour la profession des conseils évangéliques, qui constituent un *témoignage* particulier *d'amour.* Et en même temps, elle redit la grande confiance qu'elle met en vous, qui avez choisi un état de vie qui est un don spécial de Dieu à son Eglise. Celle-ci compte sur votre collaboration totale et généreuse afin que, en fidèles administrateurs d'un don si précieux, vous « pensiez avec l'Eglise » et agissiez toujours avec elle, en pleine conformité avec les enseignements et les directives du magistère de Pierre et des Pasteurs en communion avec lui, cultivant au plan personnel et communautaire une conscience ecclésiale renouvelée.

Simultanément, l'Eglise prie pour vous, afin que votre témoignage d'amour ne fasse jamais défaut,[87] et elle vous demande aussi d'accueillir dans cet esprit le présent message de l'Année jubilaire de la Rédemption.

L'Apôtre priait justement ainsi dans sa *lettre aux Philippiens*: « Que votre amour abonde encore, et de plus en plus..., en vraie sensibilité pour discerner le meilleur. Ainsi serez-vous purs et irréprochables pour le jour du Christ, comblés du fruit de justice... ».[88]

Par la Rédemption opérée par le Christ, « l'amour de Dieu a été répandu dans nos cœurs par le Saint-Esprit qui nous fut donné ».[89] Je demande sans cesse *à l'Esprit Saint qu'il accorde* à chacun et à chacune d'entre vous, selon « son don particulier »,[90] de donner un témoignage particulier de cet amour. Que triomphe en vous, de façon digne de votre vocation, « la loi de l'Esprit qui donne la vie dans le Christ Jésus... », cette loi qui nous a « affranchis de la loi... de la mort ».[91] Vivez donc cette existence nouvelle à la mesure de votre *consécration* et aussi à la mesure des divers *dons de Dieu* qui correspondent à la vocation des différentes familles religieuses. La profession des conseils évangéliques indique à chacun et à chacune d'entre vous comment vous

[87] Cf. *Lc* 22, 32.
[88] *Ph* 1, 9-11.
[89] *Rm* 5, 5.
[90] Cf. *1 Co* 7, 7.
[91] *Rm* 8, 2.

pouvez, « par l'Esprit, faire mourir »[92] tout ce qui est contraire à la Vie et qui sert le péché et la mort, tout ce qui s'oppose au véritable amour de Dieu et des hommes. Le monde a besoin de l'authentique « contradiction » de la consécration religieuse comme d'un levain permanent de renouveau salvifique. « *Ne vous modelez pas sur le monde présent,* mais que le renouvellement de votre jugement vous transforme et vous fasse discerner quelle est la volonté de Dieu, ce qui est bon, ce qui lui plaît, ce qui est parfait ».[93] Après la période spéciale d'expérimentation et de rénovation prévue par le motu proprio *Ecclesiae Sanctae,* vos Instituts ont reçu récemment ou s'apprêtent à recevoir l'approbation de l'Eglise pour vos Constitutions renouvelées. Que ce don de l'Eglise vous encourage à les connaître, à les aimer et surtout à les vivre avec générosité et fidélité, en vous souvenant que l'obéissance est une manifestation non équivoque de l'amour.

C'est bien de ce témoignage d'amour qu'ont besoin aujourd'hui le monde et l'humanité. Ils ont besoin du *témoignage de la Rédemption* tel qu'il est inscrit dans la profession des conseils évangéliques. Ces conseils, chacun selon sa manière propre et tous ensemble dans leur étroite connexion, « rendent témoignage » à la Rédemption qui, par la puissance de la Croix et de la Résurrection du Christ, conduit le monde et l'hu-

[92] Cf. *Rm* 8, 13.
[93] *Rm* 12, 2.

manité dans l'Esprit Saint vers *l'accomplissement définitif* que l'homme et, par l'homme, la création entière trouvent *en Dieu, et en Dieu seul.* Votre témoignage est donc inestimable. Il faut s'employer avec constance à ce qu'il soit pleinement transparent et pleinement fructueux parmi les hommes. A cela pourra servir aussi la fidèle observance des normes de l'Eglise concernant, entre autres, la manifestation extérieure de votre consécration et de votre engagement à la pauvreté.[94]

Apostolat

15. De ce témoignage d'amour nuptial pour le Christ, à travers lequel toute la vérité salvatrice de l'Evangile devient particulièrement visible parmi les hommes, découle aussi, chers Frères et Sœurs, comme un aspect constitutif de votre vocation, *la participation à l'apostolat de l'Eglise,* à sa mission universelle, qui se réalise simultanément au milieu de toutes les nations de tant de manières et grâce à la multiplicité des dons accordés par Dieu. Votre mission spécifique est en harmonie *avec la mission des Apôtres,* que le Seigneur envoya « dans le monde entier » pour « faire, de toutes les nations, des disciples »,[95] et elle est également *unie* à la *mission de l'ordre hiérarchique.* Dans l'apostolat qu'exercent les

[94] Cf. *C.I.C.,* can. 669.
[95] Cf. *Mt* 28, 19.

personnes consacrées, leur amour nuptial pour le Christ devient de façon presque organique *un amour pour l'Eglise* en tant que Corps du Christ, pour l'Eglise comme Peuple de Dieu, pour l'Eglise qui est à la fois Epouse et Mère.

Il est difficile de décrire, et même de recenser, les multiples façons différentes qu'ont les personnes consacrées de réaliser *par l'apostolat leur amour envers l'Eglise.* Cet apostolat découle toujours du don particulier de vos Fondateurs qui, *reçu de Dieu* et approuvé par l'Eglise, est devenu un charisme pour la communauté entière. Ce don correspond aux besoins divers de l'Eglise et du monde à chaque époque de l'histoire, et à son tour il se prolonge et se consolide dans la vie des communautés religieuses comme l'un des éléments durables de la vie et de l'apostolat de l'Eglise. En chacun de ces éléments, en tout domaine — celui de la *contemplation qui féconde l'apostolat* comme celui de *l'action directement apostolique* —, la bénédiction constante de l'Eglise vous accompagne, et en même temps sa sollicitude pastorale et maternelle pour l'identité spirituelle de votre vie et pour la rectitude de votre action au sein de la grande communauté universelle *des vocations et des charismes* de tout le Peuple de Dieu. Que ce soit grâce à chacun des Instituts pris séparément ou grâce à leur ensemble organique, c'est dans toute la mission de l'Eglise qu'est mise particulièrement en relief l'économie de la Rédemption dont *chacun et chacune de vous,* chers Frères et Sœurs, *porte en soi* le signe profond en vertu de la consécration et de la profession des conseils évangéliques.

C'est pourquoi, même si les multiples œuvres d'apostolat auxquelles vous vous adonnez sont extrêmement importantes, l'œuvre d'apostolat vraiment *fondamentale* reste *toujours ce que vous êtes* (et en même temps qui vous êtes) dans l'Eglise. De chacun et de chacune de vous on peut redire à un titre spécial ces paroles de l'Apôtre: « Vous êtes morts, et votre vie est désormais cachée avec le Christ en Dieu ».[96] Et en même temps, ce fait d'être « cachés avec le Christ en Dieu » permet de vous appliquer les paroles du Maître lui-même: « Ainsi votre lumière doit-elle briller devant les hommes afin qu'ils voient vos bonnes œuvres et glorifient votre Père qui est dans les cieux ».[97]

Vous devez « briller devant les hommes » par cette lumière; il importe pour cela que vous donniez entre vous un témoignage de mutuelle charité, lié à l'esprit fraternel de chaque communauté, car le Seigneur a dit: « A ceci tous reconnaîtront que vous êtes mes disciples: si vous avez de l'amour les uns pour les autres ».[98]

La nature fondamentalement communautaire de votre vie religieuse, nourrie de la doctrine évangélique, de la sainte liturgie et surtout de l'Eucharistie, représente une façon privilégiée de réaliser cette dimension interpersonnelle et so-

[96] *Col* 3, 3.
[97] *Mt* 5, 16.
[98] *Jn* 13, 35.

ciale: remplis de prévenances et d'attentions mutuelles, portant les fardeaux les uns des autres, vous montrez par votre unité que le Christ vit au milieu de vous.[99] Pour votre apostolat dans l'Eglise, il est important que vous soyez *très sensibles aux besoins et aux souffrances* de l'homme qui apparaissent si visiblement et d'une manière si frappante dans le monde d'aujourd'hui. L'Apôtre enseigne en effet: « Portez les fardeaux les uns des autres et accomplissez ainsi la Loi du Christ »; [100] et il ajoute que « l'accomplissement parfait de la Loi, c'est l'amour ».[101]

Votre mission doit être visible! *Le lien qui l'unit à l'Eglise* doit être profond, *très profond*.[102] Que par tout ce que vous faites, et surtout par tout ce que vous êtes, soit proclamée et confirmée à nouveau cette vérité: « Le Christ a aimé l'Eglise: il s'est livré pour elle »,[103] vérité qui est à la base de toute l'économie de la Rédemption. Et que du Christ, Rédempteur du monde, jaillisse la source inépuisable de votre amour pour l'Eglise!

[99] Cf. CONC. ŒCUM. VAT. II, décret *Perfectae caritatis,* n. 15.
[100] *Ga* 6, 2.
[101] *Rm* 13, 10.
[102] Le Code de Droit canonique le rappelle explicitement à propos de l'activité apostolique: cf. can. 675, § 3.
[103] *Ep* 5, 25.

VII

Conclusion

Les yeux illuminés du cœur

16. Cette Exhortation que je vous adresse *en la solennité de l'Annonciation* de l'Année jubilaire de la Rédemption veut être l'expression de l'amour que l'Eglise nourrit pour les religieux et pour les religieuses. Vous êtes en effet, chers Frères et Sœurs, *une richesse particulière de l'Eglise.* Et l'on comprend mieux cette richesse si l'on médite sur la réalité de la Rédemption, ce pour quoi l'actuelle Année sainte présente une occasion permanente et un heureux encouragement. Reconnaissez donc, à cette lumière, votre *identité* et votre *dignité.* Puisse l'Esprit Saint — par l'œuvre de la Croix et de la Résurrection du Christ — « illuminer les yeux de votre cœur pour vous faire voir quelle espérance vous ouvre son appel, quels trésors de gloire renferme son héritage parmi les saints »! [104]

Ces « yeux illuminés du cœur », l'Eglise les demande continuellement pour chacun et chacune de vous *qui êtes déjà entrés* dans la voie de la profession des conseils évangéliques. Et ces mêmes « yeux illuminés », l'Eglise, avec vous, les demande pour de nombreux chrétiens, spécialement pour les jeunes gens et les jeunes filles,

[104] *Ep* 1, 18.

afin qu'ils puissent *découvrir cette voie et qu'ils n'aient pas peur de s'y engager,* afin que, même au sein des circonstances défavorables de la vie actuelle, ils puissent entendre le « suis-moi » [105] du Christ. Vous devez vous-mêmes vous y employer par votre prière et aussi par *le témoignage* de cet *amour* grâce auquel « Dieu demeure en nous, en nous son amour est accompli ».[106] Que ce témoignage devienne partout présent et universellement déchiffrable! Que l'homme de notre temps, spirituellement las, trouve en lui un soutien et une espérance! Servez donc vos frères avec la joie qui jaillit d'un cœur habité par le Christ! « Que le monde de notre temps... puisse recevoir la Bonne Nouvelle, non d'évangélisateurs tristes et découragés..., mais de ministres de l'Evangile dont la vie rayonne de ferveur, qui ont les premiers reçu en eux la joie du Christ »! [107]

L'Eglise, dans son amour pour vous, ne cesse « de fléchir les genoux en présence du Père » [108] afin que par lui « se fortifie en vous l'homme intérieur » [109] et qu'il en soit de même pour beaucoup d'autres de nos frères et sœurs baptisés, des jeunes en particulier, pour qu'ils trouvent le chemin de la sainteté qu'au cours de l'histoire tant de générations ont parcouru avec le Christ

[105] *Lc* 5, 27.
[106] *1 Jn* 4, 12.
[107] PAUL VI, exhort. apost. *Evangelii nuntiandi,* n. 80: *AAS* 68 (1976), p. 75.
[108] Cf. *Ep* 3, 14.
[109] Cf. *Ep* 3, 16.

— Rédempteur du monde et Epoux des âmes —, laissant souvent derrière eux le halo éclatant de la lumière de Dieu sur l'arrière-plan morne et ténébreux de l'existence humaine.

A vous tous, qui avancez sur cette route dans la phase actuelle de l'histoire de l'Eglise et du monde, s'adresse ce vœu fervent de l'Année jubilaire de la Rédemption, afin que « vous soyez enracinés, fondés dans l'amour. Ainsi vous recevrez la force de comprendre, avec tous les saints, ce qu'est la Largeur, la Longueur, la Hauteur et la Profondeur, vous connaîtrez l'amour du Christ qui surpasse toute connaissance, et vous entrerez par votre plénitude dans toute la Plénitude de Dieu ».[110]

Message de la solennité de l'Annonciation du Seigneur

17. En la fête de l'Annonciation de cette Année sainte, je confie la présente Exhortation *au Cœur de la Vierge Immaculée.* Parmi toutes les personnes consacrées sans réserve à Dieu, elle est la première. Elle, la Vierge de Nazareth, est aussi *la plus totalement consacrée à Dieu,* consacrée de la façon la plus parfaite. Son amour nuptial atteint son sommet dans la maternité divine par la puissance de l'Esprit Saint. Mère, elle porte le

[110] *Ep* 3, 17-19.

Christ dans ses bras, et en même temps elle *répond* de la manière la plus parfaite à *son appel*: « Suis-moi ». Et elle, sa Mère, le suit comme son Maître en chasteté, en pauvreté et en obéissance.

Comme elle fut *pauvre* dans la nuit de Bethléem, et comme elle fut pauvre sur le Calvaire! Comme elle fut *obéissante* lors de l'Annonciation, puis — au pied de la Croix — *obéissante* jusqu'à consentir à la mort de son Fils, qui s'était fait lui-même obéissant « jusqu'à la mort »! Avec quel *amour très pur elle se voua* durant toute sa vie terrestre, à la cause du Royaume des Cieux!

Si Marie est le *premier modèle* pour l'Eglise entière, elle l'est à plus forte raison pour vous, personnes et communautés consacrées à l'intérieur de l'Eglise. En ce jour qui nous remet en mémoire l'inauguration du Jubilé de la Rédemption qui a eu lieu l'an dernier, je vous adresse le présent message pour vous inviter à raviver *votre consécration religieuse sur le modèle de la consécration de la Mère de Dieu.*

Chers Frères et Sœurs! « Il est fidèle, le Dieu par qui vous avez été appelés à la communion de son Fils, Jésus Christ ».[111] Persévérez dans la fidélité à Celui qui est fidèle, et efforcez-vous de chercher un *soutien* tout à fait spécial *en Marie!* Elle a été appelée par Dieu à la communion la plus parfaite avec son Fils. Qu'elle soit aussi, elle, la Vierge fidèle, la Mère de votre cheminement

[111] *1 Co* 1, 9.

évangélique: qu'elle vous aide à expérimenter et à montrer au monde *la fidélité infinie de Dieu même!*

En exprimant ces souhaits, je vous bénis de grand cœur.

Du Vatican, le 25 mars de l'Année jubilaire de la Rédemption 1984, en la sixième année de mon pontificat.

Joannes Paulus PP. II